Soirée SUSHIS CHAUSSETTES

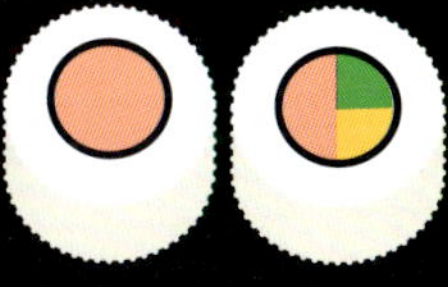

SOLAR

PRÉPARATION DU RIZ BLANC JAPONAIS

Pour 4 personnes

- *600 g de riz japonais*
- *80 cl d'eau*

Dans un saladier, versez le riz et un grand volume d'eau. Mélangez rapidement le riz à la main. Jetez l'eau lorsqu'elle devient trouble.

Frottez délicatement les grains de riz les uns contre les autres. Recouvrez à nouveau le riz d'eau, puis jetez-la immédiatement. Répétez l'opération jusqu'à ce que l'eau soit translucide. Égouttez le riz.

Si possible dans une marmite en terre (à défaut, dans une casserole), versez le riz et 80 cl d'eau. Laissez reposer 30 minutes pour la saison estivale et 1 heure pour la saison hivernale.

Faites chauffer à feu vif avec un couvercle. Baissez le feu dès la première ébullition. Laissez cuire 5 minutes à gros bouillon, puis 7 minutes à feu très doux.

Décalez du feu et laissez gonfler le riz 10 minutes, toujours avec le couvercle.

À savoir : ce riz est la base de nombreux plats, dont les célèbres sushis et makis (voir p. 5 et 6).

Pour 60 sushis

- *22 g de sucre en poudre*
- *7 g de sel*
- *9 cl de vinaigre de riz*
- *600 g de riz japonais*
- *80 cl d'eau*
- *500 g du poisson de votre choix, écaillé et désarêté (saumon, thon...)*

Réalisez le sushi-su : diluez le sucre et le sel dans le vinaigre sans les chauffer.

Préparez le riz blanc japonais (voir p. 2).

Transvasez le riz cuit dans un grand saladier afin de le faire refroidir rapidement. Versez le sushi-su sur le riz. Mélangez délicatement avec une spatule.

Une fois à température ambiante, le riz est prêt. Vous pouvez alors réaliser les sushis : formez une quenelle de riz dans la paume de votre main et déposez-y une lamelle du poisson de votre choix.

À savoir : on compte 1 mesure de sushi-su pour 10 mesures de riz cuit (10 cl environ de sushi-su pour 1 kg de riz).
Ce riz sert aussi de base pour les makis et le chirashi (un bol de riz vinaigré surmonté de lamelles de poisson).

MAKIS

Pour 50 pièces

- *300 g de saumon désarêté et sans peau*
- *1 concombre*
- *1 sachet de feuilles d'algue nori*
- *1 kg de riz blanc cuit à la japonaise (voir p. 2)*
- *20 cl de sauce soja*
- *Wasabi*

- *Ustensile :*
- *1 tapis en bambou*

Taillez le saumon et le concombre en bâtonnets de 10 à 15 cm.

Posez ½ feuille d'algue nori sur un tapis en bambou et étalez le riz légèrement en dessous du centre.

Recouvrez de saumon et de concombre, puis roulez le maki sur lui-même.

Coupez le maki à l'aide d'un couteau aiguisé et mouillé.

Dégustez avec la sauce soja pour sushis et du wasabi.

ONIGIRIS TUNA-MAYO

Pour 4 personnes

- *2 feuilles d'algue nori*
- *600 g de riz blanc cuit à la japonaise (voir p. 2)*
- *Sel*

Pour le tuna-mayo :

- *100 g de thon en conserve*
- *30 g de mayonnaise*
- *1 cl de sauce soja*

Découpez une feuille d'algue nori en bandes de 6 x 15 cm.

Dans un bol, émiettez le thon, puis mélangez avec la mayonnaise et la sauce soja.

Versez le riz cuit et encore chaud dans un saladier pour le faire tiédir. Mouillez-vous les mains. Prenez une poignée de riz et formez un petit trou au milieu.

Garnissez l'intérieur du mélange tuna-mayonnaise, puis recouvrez de riz. Pressez-le légèrement entre vos deux mains afin d'obtenir une forme de triangle. Salez, puis enveloppez chaque onigiri d'une bande d'algue nori.

Placez les onigiris au réfrigérateur au moins 2 heures avant de déguster.

Astuce : il est possible de faire des onigiris sans garniture, tout simplement.

SUSHIS DE BŒUF MI-CUIT AU GINGEMBRE FRAIS

Pour 2 personnes

- *160 g de riz blanc cuit à la japonaise (voir p. 2)*
- *250 g de pavé de rumsteck de 3,5 cm d'épaisseur*
- *1 noix de gingembre frais*
- *Quelques brins de ciboulette ciselés*
- *2 feuilles de shiso ciselées*
- *½ oignon rouge*
- *4 cuil. à café de sauce soja*
- *1 cuil. à soupe d'huile de tournesol*
- *Sel et poivre*

Sortez la viande du réfrigérateur afin qu'elle soit à température ambiante. Salez et poivrez. Faites chauffer l'huile dans une poêle. Faites colorer la viande de chaque côté à feu très vif, puis laissez cuire 2 minutes de chaque côté à feu moyen. Laissez reposer la viande au moins 10 minutes.

Pelez et râpez le gingembre. Émincez l'oignon et mélangez-le à la ciboulette et au shiso. Coupez la viande en tranches fines.

Mouillez vos doigts et les paumes de vos mains avec de l'eau vinaigrée. Prenez 20 g de riz dans votre main et formez une boulette ovale. Placez sur le riz une tranche de viande. Placez le tout dans le moule à sushis pour donner une jolie forme au sushi. Parsemez la viande du mélange ciboulette-shiso-oignon, puis de gingembre râpé. Procédez ainsi jusqu'à épuisement des ingrédients et servez les sushis avec la sauce soja.

SUSHIS DE GAMBAS ET LÉGUMES FRITS

Pour 2 personnes

- *160 g de riz blanc cuit à la japonaise (voir p. 2)*
- *8 gambas crues*
- *4 asperges vertes*
- *1 racine de lotus*
- *Fécule de pomme de terre pour fariner les gambas*
- *½ cuil. à café de matcha (poudre de thé vert)*
- *1 pincée de fleur de sel*
- *Huile de friture*

Décortiquez les gambas. Enlevez la tête et le fil noir de l'intestin.

Sur une planche, farinez les gambas avec la fécule de pomme de terre. Couvrez-les d'un film alimentaire, puis aplatissez-les avec un rouleau.

Coupez la racine de lotus en tranches. Farinez-les, ainsi que les asperges, avec la fécule de pomme de terre.

Dans une casserole, faites chauffer l'huile et faites frire les gambas, les asperges et les tranches de lotus.

Mélangez la fleur de sel et le matcha, puis saupoudrez-en les gambas et les légumes.

Faites 8 boulettes de riz de 20 g chacune. Servez-les avec la garniture. Les convives les dégusteront ensemble, comme des nigiris.

SUSHIS AU MAGRET DE CANARD ET AUX MANGUES

Pour 4 personnes

- *400 g de riz blanc cuit à la japonaise (voir p. 2)*
- *1 magret de canard*
- *½ mangue*
- *2 cuil. à soupe de vinaigre balsamique*
- *½ cuil. à café de sauce soja*
- *1 cuil. à café de miel*
- *1 cuil. à café de poivre du Sichuan*
- *1 cuil. à café de cardamome moulue*

Frottez la chair du magret avec le poivre du Sichuan et la cardamome. Piquez la peau du magret avec une fourchette. Faites chauffer une poêle sans matière grasse. Posez le magret côté peau dans la poêle et laissez-le cuire 10 minutes à feu moyen. Jetez le gras de cuisson. Retournez le magret et laissez-le cuire 2 minutes.

Retirez le canard, déglacez la poêle avec le vinaigre balsamique, le miel et la sauce soja. Laissez réduire quelques minutes.

Remettez le magret dans la poêle, arrosez-le de sauce et laissez-le cuire 2 minutes. Laissez-le reposer à température ambiante au moins 10 minutes, puis coupez-le en tranches fines.

Épluchez et coupez la mangue en tranches fines de 3,5 cm de long.

Garnissez le fond de 4 moules ronds de 10 cm de diamètre avec 100 g de riz chacun. Pressez le riz avec vos doigts, bien uniformément. Pour que le riz ne colle pas aux doigts, mouillez-les avec de l'eau vinaigrée. Démoulez et disposez sur le riz le magret et la mangue.

SUSHIS TEMAKIS

Pour 4 personnes

- *450 g de riz blanc cuit à la japonaise (voir p. 2)*
- *1 poivron rouge*
- *1 concombre noa*
- *2 carottes*
- *1 avocat*
- *10 feuilles de nori grillées*
- *Sauce soja pour servir*

Épluchez les carottes et l'avocat. Puis détaillez en bâtonnets les carottes, l'avocat, le poivron et le concombre.

Coupez en deux les feuilles de nori. Tassez en cône la valeur de 2 cuillerées à soupe de riz à sushi. Posez le cône en biais dans un des angles de la feuille de nori. Garnissez d'un bâtonnet de carotte, un de concombre, un de poivron et un d'avocat. Roulez le nori en forme de cône. Fermez bien et procédez ainsi jusqu'à épuisement des ingrédients.

Servez avec de la sauce soja. Lors d'une soirée entre amis, placez tous les ingrédients sur la table et laissez les convives garnir leurs temakis.

SUSHIS AU MAQUEREAU ET AU GINGEMBRE DOUX

Pour 6 personnes

- *600 g de riz blanc cuit à la japonaise (voir p. 2)*
- *4 filets de maquereau très frais*
- *1 noix de gingembre frais*
- *Gari (gingembre confit)*
- *2 cuil. à soupe de graines de sésame*
- *50 cl de vinaigre de riz*
- *80 g de sel fin*

Disposez les filets de poisson dans un plat, peau en dessous. Recouvrez-les entièrement de sel, afin de rendre la chair bien ferme. Laissez-les reposer dans le réfrigérateur pendant 2 heures.

Mélangez les graines de sésame au riz. Pelez et émincez le gingembre frais, recouvrez de vinaigre et laissez reposer au moins 10 minutes. Sortez les filets du réfrigérateur. Rincez-les sous l'eau froide, puis essuyez-les à l'aide d'un papier absorbant.

Remettez les filets, toujours côté peau en dessous, dans le plat. Arrosez-les du vinaigre de gingembre et laissez reposer dans le réfrigérateur pendant 1 heure. Essuyez-les avec du papier absorbant. Enlevez la peau et les arêtes à l'aide d'une pince à épiler. Garnissez un moule rectangulaire de film alimentaire. Disposez les filets côté peau au fond du moule. Ajoutez une couche de gari. Recouvrez le tout avec du riz, en le compressant légèrement.

Réservez au réfrigérateur de 2 à 5 heures, puis 30 minutes à température ambiante. Démoulez et découpez les sushis en rectangles avant de servir.

SUSHI INARI

Pour 4 personnes

- *8 feuilles de tofu frit*
- *400 g de riz blanc cuit à la japonaise (voir p. 2)*
- *25 cl de dashi*
- *1 cuil. à soupe de sauce soja*
- *1 cuil. à soupe de mirin (sucre de riz)*
- *3 cuil. à soupe de sucre de canne*
- *2 cuil. à soupe de graines de sésame noir*
- *2 cuil. à soupe de gingembre confit*

Dans une casserole remplie d'eau chaude, faites bouillir les feuilles de tofu frit pendant 1 minute afin de les dégraisser, puis égouttez-les. Coupez les feuilles de tofu en deux. Celles-ci étant constituées d'une double épaisseur, passez vos doigts par l'ouverture obtenue, afin de les ouvrir en une sorte de pochette.

Dans une casserole, faites cuire à feu moyen le tofu avec le dashi, le mirin et le sucre pendant 5 à 6 minutes. Ajoutez la sauce soja, puis poursuivez la cuisson à feu doux jusqu'à ce que le jus réduise d'un tiers. Laissez refroidir.

Dans une poêle, faites griller à sec les graines de sésame noir. Laissez refroidir, puis mélangez-les dans un saladier avec le riz à sushi.

Garnissez les poches de tofu de riz à sushi, décorez de gingembre confit et placez dans le plat pour servir.

Conseil : le dashi est vendu en sachet sous forme de poudre. Suivez attentivement les instructions d'usage qui vous seront données sur le paquet.

HANA-MAKI SUSHIS

Pour 4 personnes

- *485 g de riz blanc cuit à la japonaise (voir p. 2)*
- *125 g de riz blanc cuit à la japonaise au vinaigre de vin rouge*
- *2 jaunes d'œufs durs*
- *4 asperges vertes ou haricots verts cuits*
- *5 feuilles de nori*

Préparation du maki fleur rose : coupez 3 feuilles de nori en quatre, ce qui fera au total 12 feuilles de 5 × 20 cm.

Sur une natte en bambou, mettez une petite feuille de nori. Étalez 25 g de riz au vinaigre de vin rouge et roulez. Préparez-en 5 exemplaires.

Placez une grande feuille de nori sur la natte en bambou et étalez 180 g de riz pour la préparation du maki.

Posez sur cette préparation, à la manière de pétales de fleur, les 5 mini-rouleaux autour de 2 asperges mises bout à bout. Roulez le tout.

Préparation du maki fleur jaune : passez au tamis les jaunes d'œufs, mélangez-les avec 125 g de riz pour sushis. Répétez la même opération que pour la réalisation du maki fleur rose.

Coupez les makis et servez.

Recettes
Ryo Kirikura et Vincent Amiel : p. 3, 4, 6 et 8
Motoko Okuno : p. 10, 12, 14, 20 et 22
Céline de Cérou : 16

Photographies & stylisme
Anne Bergeron/Vincent Amiel : p. 5, 7 et 9
Pierre-Louis Viel/Motoko Okuno : p. 2, 11, 13, 15, 19, 21 et 23
Céline de Cérou : 17

Directeur éditorial : Didier Férat
Édition : Diane Monserat
Conception graphique : Claire Guigal
Mise en page et photogravure : Chromostyle
Fabrication : Laurence Duboscq

92, avenue de France, 75013 Paris, France
contact_solar@edi8.fr

ISBN : 978-2-263-19266-1
Code éditeur : L19266/01
Dépôt légal : octobre 2025
Imprimé en Chine par GNG promotion